도두陶杜를 꿈꾸는 하루

도두陶杜를
꿈꾸는 하루

최계철 시집

문학의전당

自序

글이란 게
밖으로 자랑할 바는 아니지만
한 사람이 살아가기에는
아주 긴요하다.

면벽을 하고
궁함을 벗으로 삼았던 날들이 있었다.

그게 이미 정한 모습이었음을
차마 외면하려 하였지만

글이 이끌어 그와 통함을
지금은 알겠다.

2011년 6월
소운 최계철

| 차례 |

1부

국화 • 13
복수초 • 14
욕심 • 15
꽃샘추위 • 16
달빛 그늘에 서서 • 17
광어 • 18
이 시대가 주는 말 • 19
임을 기다림 • 20
달이 불러 나가보니 • 21
입춘 • 22
봄은 또 다시 오는데 • 23
기억 • 24
춘몽春夢 • 25

2부

벚꽃 • 29
이런 날 • 30
산일엽초 • 31
회상 • 32
소일 • 33
바람 하나 • 34
구절초 • 35
질문 • 36
한풍寒風 • 37
그대는 • 38
도두陶杜를 꿈꾸는 하루 • 40
쪽문 • 42
아득한 봄소식 • 43
꿈속에서 • 44
조경수 • 45
지난 밤 우리는 무엇을 했는가 • 46
스스로 부르는 노래 • 48
풍란風蘭 • 49

3부

절도絶島에 닻을 내리고 • 53
세월 • 54
이른 꽃잎 지는 날 • 56
달을 바라보며 • 57
외진 산하에 나를 묻고 • 58
너를 잊을 모양이다 • 59
첫눈 • 60
나를 찾아서 • 61
요양원 • 62
말을 노래함 • 64
석순 • 65
나이 • 66
사랑 • 68
인생 • 69
황구黃狗 • 70
세상이 변하였습니다 • 71
덕장 • 72
석창포 • 73

4부

석별 • 77
춘절春節 • 78
초행初行 • 79
스승 • 80
가족여행 • 81
실책失策 • 82
사다리 • 83
대나무竹 • 84
한탄 • 85
다완茶碗 • 86
술을 마셔야 한다 • 87
사오四吾 • 88
잊음 • 89
그릇 • 90
기다림 • 91

시인의 산문　무엇으로 시를 쓰는가? • 92

1부

 국화는 뭇 꽃들 가운데서 빼어난 점 네 가지가 있는데 늦게 피는 것이 그 하나요, 오래 견디는 것이 그 하나요, 그 향기로움이 그 하나요, 곱되 요염하지 않고 결백하되 차갑지 않음이 마지막이다. 그러나 그 네 가지에 하나 더 촛불 앞의 국화 그림자를 취한다. 밤마다 그것을 위하여 담장 벽을 쓸고 등잔불을 켜고 그 가운데 적막하게 앉아서 스스로 즐긴다.

-정약용, 국영시서菊影詩序-

국화

어느 명당에다 선비를 내 찼나.
얼마나 고가에 절개를 흥정했나.

뉘엿뉘엿 장마 지는 여름날
한길 건너 순댓국 집 앞 화단을 보니

거기
버젓이,
서 있더구나.

복수초

너무 일찍 열정을 앓았나.
천천히 달떠도 될 일을

화농의 통증이 짐짐할 즈음
그제야 남들은 부산을 떨며
얼굴이며 옷이며 치장하는데

우리는
벌써 멀리 달아난 날들을
서글피 그리워하고 있구나.

욕심

꽃집에서 전화가 날아왔다.
주문한 아이들을 보내려는데
너무 추우니 며칠 늦추잔다.

백두산 구절초는
너무 어려서 어떨지 모르겠다며
자꾸 망설인다.

아, 이놈은
어찌
키우는 정도 없이
속만 보려 보채는가?

꽃샘추위

사방이 다 퍼진 게 아니다.
어느 날 불현듯
이끼처럼 붙어 자라는 절망을 닮아,

가슴까지 눈발이 팔팔 달라붙고
눈자위도 매서운 하루이다.

어린 날 품은 정조는 버리지 말라는
소소리 바람 앙탈에
삼월이 살짝
창을 가리고 숨었다.

달빛 그늘에 서서

어둠 가장자리에 사붓 사붓 발을 댄다.
임은 잘 한다 못 한다 표정이 없고
벙어리 그림자만 내 보낸다.

돌아보니 어제 그 길,
다른 것은 다 잊어버렸어도
여기는 잘도 맴돌고 있다.

광어

한가로이 배를 깔고 누워있으니
얼마나 편안하신가 하고 부러워하면

검은 올가미가 섬광처럼
차고 들어올 때를 기다려
숨을 고르는 중이란다.

다른 친구들이 들어와 황당해하면
운명이 우릴 옭아 버렸으니
우리도 배신하자 가르치지.

순진한 그들은 내 말을 믿어
생살을 도록圖錄처럼 도마에 펼치고
팽형烹刑을 보너스로 받아도

나는 이렇게 팽팽하게 살아서
너를 보고 있지.

이 시대가 주는 말

날[刀]을 가세요.
비장한 검술을 익히고
달려오는 적들을 향해
광동성廣東省 고요현高要縣 단계벼루를 내던지세요.

살고 죽는 까닭을 모르는 지금
불타는 적의만 가져야 합니다.

한시라도 빨리
천리마의 꼬리에 매달려야지요.

비린내 자욱한 전쟁터에서
누가 백주에 책을 읽어요?

임을 기다림

오늘도
하릴없이
임을 기다린다.

달과 같이 오시는가.
하늘은 먹빛으로 흐리고,
바람 타고 오시는가.
사방이 적막하다.

어둑발에 젖는 도시의 장터는
불빛만 서럽게 휘황하고

이미 지나 가버렸는지
혼란스러운 심사를 우정 달래며

늘 이맘때쯤 혼자만 나오라는
거짓말쟁이를 기다린다.

달이 불러 나가보니

낮에는
가면으로 까맣게 얼굴을 가리고

밤에는 끼리끼리 골방에 들어가
불러도 아니 나와
몹시
한가하시단다.

입춘

봄볕이
밖에 도착했다고,

그러나
태연한 눈발이
종일 어슬렁거리니

겁이 나
문을 열어줄 수가 없다.

봄은 또 다시 오는데

죽은 듯 캄캄하다가
비 온 날 갑자기
길 어귀에 나타난 사내.

이름도 모르는 인연과
일찌감치 연분이 나서
다시는 안 온다고 장담하던 사내.

연두색 그림자 앞세워
무안한 듯 계면쩍어하는
내 보내지도 못할 사내.

기억

기다리지 않아도 찾아오는 소문은
해를 따라오는 어둠 같다.

눈짓에도 터질 듯 숨 막히는 목련은
사랑의 시작
낙화落花의 이유.

장사하는 사람들은
헤어짐을 두려워하지 않아
무굴제국의 장수처럼 강건하다지만

유약한 저는 봄이 찬 것도 알지 못하고
떠나야 할 날도 지척거렸다.

지금도 용문산 양지쪽 바위틈에
붉은 진달래는 피고 있으리.
붉은 진달래는 지고 있으리.

춘몽 春夢

실 빛 파고드는 숲 속
물 조리개 하나 차고 들어가

고사리, 산일엽초 옹알대는
계곡을 쏘다니다가

함곡관函谷關 어느 메나
침향전沈香殿 돌구찌에 걸터앉아

만나봐야 기가 막히고
눈물도 안 나올 그를 기다리다가

지치면 마음인사만 하고 돌아와
거칠 곳 없이 드러누워
잠이나 실컷 들어라.

2부

　나는 세상 사람들이 시인은 영달함이 적고 궁함이 많다고 하는 말을 들었다. 어째서 그런가? 세상에 전해지는 시는 옛날 곤궁한 사람의 말에서 나온 것이 많다. 선비가 식견을 쌓아두고도 세상에서 펼치지 못하면 스스로를 산꼭대기나 물 밖에 놓아두고 즐기는 경우가 많다. 벌레나 물고기, 초목과 바람과 구름, 새와 짐승의 모습을 보고 이따금 그 기괴함을 찾는다. 마음속에 근심스런 생각이나 울분이 쌓이면 원망하고 풍자하는 마음을 일으켜 타관살이하는 신하나 과부의 한탄하는 바를 빌려 말로 표현하기 어려운 인정을 그려내니, 대게 궁하면 궁할수록 더욱 공교해진다. 그렇다면 시가 능히 사람을 궁하게 하는 것이 아니고 궁해진 뒤에 공교해지는 것이다.

－구양수, 매성유시집서梅聖俞詩集序－

벚꽃

이맘때쯤
돌아온다고 하지 않았나요.

기다림은 착한 버릇이 되었지만
오늘은 무작정 만나고 싶어요.

일주일 정도만 허락된 외박
그 뒤론 구름에도 쫓기는 신세인걸요.

지체하지 마세요.
바람 불거나 비라도 내리면
원망의 눈물만 흘려야 하니

그런 날은 차마 오지 말고
차라리 내년에 다시 오세요.

이런 날

바람피우기 좋은 날이라고
꽃들은 부추기지만

대낮은 오히려
누구에게 들킬까

대발 일찍 걸어 놓고
어둠별 어디쯤 오는지 기다린다.

산일엽초

영악한 그대가 아니었다면
바위틈에 깊이 숨어 있으리.

거기가 악마의 어둠이라고 속삭이며
어리벙벙한 날 데려올 때

잘 먹여주고 재워준다고 구슬려서
한동안 그런 줄만 알았었지.

화려한 관심 속에 둘러싸인
이 삶이 외려 가난이라는 것을
이제야 깨우쳐,

고독한 고향으로 다시 간다면
푸른 풀잎 옆에 수없이 누워
어려서는 정녕 몰랐던

키 작은 햇볕에 감사하고
잠 안 자는 물소리를 고마워하리.

회상

매일은 아니고
가끔도 아니고
어쩌다 명치끝이 말려드는 신호.

그저 휘휘 팔 휘두르면
지나가기도 짧은 하루가

싸매도 번지는 풀물처럼
눈앞을 빠져 나간대도

어째
망망한 꿈바다에서조차
한번 만날 수가 없는가.

소일

냇가에 내려가
낚싯대를 드리운다.

하루 종일 앉아서
찌를 바라본다.

맑은 물속에 빠져
미끼와 함께 노니는 즐거움.

창포꽃잎에 뭇별 내리도록
아무 기척이 없으나.

처음부터 고기 잡을 생각은 아니었으니
빈손으로 일어서도 묵직하다.

바람 하나

마지막 산사에 이르면
산은 익은 해를 불러들이고
홀로 성숙한 구절초가 반기며
억새는 하늘을 붉게 칠하고 있으리.

어둠이 불꽃처럼 사방에서 일렁이기를 기다려
낯익은 은하수를 끌어다 덮고
곤한 몸을 누이면
고향 가는 길이 꿈속으로 찾아오리.

원망하다 구름같이 떠난 게 분명한
대책 없이 사랑했던 사람의 소식을 묻다가
맑은 아침이 흔드는 소리에 눈을 뜨면
어제와 같은 오늘이 다시 시작되더라도
어쩐지 아늑하여

어디쯤 누군가 하나
이리로 걸어오고 있을 거라는 생각에
문득
신발 놓을 자리를 치우게 되리.

구절초

바람도 머물지 못하는 조붓한 산길
도둑눈의 시비에 떨고 있는 여린 얼굴.

한참 가다 뒤돌아보니
그 자리에 서서 어쩌지 못하는,

누구 저처럼 간절히 서 있을
고운 이 어디 있을까?

질문

황학동 거리를 돌아다니며
잊혀진 것들만 눈주머니에 담아와
회벽에 걸어놓는다.

어둠이 오롯한 외길을 내고 함께 걸으니
비로소 노곤해져
잠의 배에 오른다.

지워진 무덤 속을 무심히 소요逍遙하다
불현듯 일어나 바라보는
위대하고 장한 이여.

그대도 하많은 밤을
그리 보내셨는가.

한풍 寒風

아무리 길고 서러운 밤도
돌아선 그대 마음만 하리오.

아무리 차고 매서운 바람도
쏘아보던 그대 눈길만 하리오.

그대는

어쩌다 번잡한 시장에 가서
날이 녹슬도록 투전판을 구경하다가
푼돈을 털어 걸었는데 재미가 쏠쏠하였다던가,
황제의 그림자에 입술만 대었어도
세상 편하게 살 수도 있었을 그대는,
홀로 자라 외진 성질 버리지 못해
비 새는 거처에 적籍을 두고
사면이 적막한 방을 지키며
피보다 진한 먹물로 써내려간 탄식의 강물이
애옥살이 지천인 섬에까지 흘러들었나.
살 에이는 북방의 겨울은 어찌 보냈으리.
밤새 몇 번이나 울분의 적벽을 쌓고 허물며
붓도 허물어진 방에서 어떤 아침을 맞았을까?
점치러 온 도사는 큰 굴곡 없이 살겠다고 하였는데,
그대 앞에 서면 한없이 비감해지고,
엊저녁을 잘 지낸 것인지 아닌지 아리송한 것은
모두 헛되고 그늘진 눈물 탓이다.
잠시 교활한 세상과 결탁하여 여기까지 왔다면
이제라도 힘줄보다 질긴 끈을 끊고
멱라수나 화산으로 찾아 들어가야 하는가.

아 아 나는 차마 못하겠다.
어리석게 계약한 사업은 수세미처럼 늘어져 있고
신체身體도 못지않게 미약하다.
까마득한 그 시절에는 그랬을지 몰라도
건질 것 없는 하루하루가 쉬 지는 까닭을
뉘를 붙잡고 물어보리.
그러나 마음이 버린 짓을 하면 두드러기가 돋고
얼굴이 홧홧해지는 것은
벌써 그대에게 전염이 되었음이다.

도두陶杜를 꿈꾸는 하루

(비장하게) 마음 갈 곳은 정해졌다.
용기 없는 자가 지르는 침묵의 외침을 들으러,
편안하고 아름다운 외면을 찾아,

세상은 자기만 따라오라 손짓하였지만
곧이듣지 않았던 것,

한때는 그의 옷소매를 잡고 칭얼거려 보기도 했지만
언제나 겉과 속을 뒤집어 입는 바보였다.

어부의 손은 거칠고
목수의 손이 투박한 이유를 알겠다.
세월을 속이다 그랬을 뿐
애초에 그리 생겨먹은 것은 아니라는 것을,

사방의 문을 닫아야 온전히 찾아온다는
가뭇없는 그대를
꿈꾸는 하루.

시끄러우면 돌아갈까

분칠하고 있으면 화를 낼까
아침부터
걱정이 분분하다.

쪽문

밤새 두꺼운 벽을 허물어
문을 하나 내었지요.

가끔 몰래 열고 빠져나가
벗들을 만나 까불고
댓바람 맞는 꿈도 꾸지요.

들어오는 길은 자주 잃어버려
찾는 소리를 몇 번 듣고서야 알아차리죠.

어느 때는 정신이 없어서
나가는 문인지, 들어오는 문인지
헷갈리데요.

문밖은 걸리는 것이 너무 많아
오래 머물지 못하고
의연해야 하는 이별이 서글프고요.

아득한 봄소식

이별은 하였지만 시효가 남았다고
수절하던 문틈은 지조 없이 열리고
꽃은 지천에서 터지는 거지.

올해도 붉은 진달래 찾아와
식은 가슴 모퉁이에 불을 지피겠지만
뜨겁지도 않은 그림 속의 눈요기일 뿐.

아무리 그래도
허심虛深의 바다를 가르던 붓은 모가지가 부러지고
책은 녹이 슬어 열리지 않는걸.

눈만 감으면 안 보일 줄 알았는데
댓잎 그림자 앞에 세우고
저기 어성이는 것은
신세가 저와 같은 그대 아닌가.

꿈속에서

당신을 보았네.
날 보고 망연히 서 있던,
그리도 못 잊어 찾고 찾았지만
달려가 으스러지게 안지 못하고
마주 서 있기만 한 멍청한,

조경수

차멀미에 사지는 젖은 창호지처럼 시들어
죄수인 양 온몸이 묶여 여기에 와서

사랑하는 님 생눈으로 이별하던 그날
운명의 눈에만 거슬렸으면 되는 것인데

한 시간만 서 있어도 토할 것 같다가
가만히 살 수 있도록 사육되는 것도
어찌 보면 편한 것인지.

원망한들 아무도 알아들을 이 없어
이쯤 되면 설워도 한참이지만

어려서는 몰라도 나이가 이만큼 들었으니
여생을 이리 살아야 할까 보네.

지난 밤 우리는 무엇을 했는가

손바닥의 실핏줄도 훤히 보이는 벌건 대낮부터
너와 나와 우리는 아군으로 협약하고
무엇을 했는가?

다리를 타고 바이러스가 마실 오는 날은
젖은 네 목소리가 가까이 들리는 날.
참았던 비겁을 섞으며
장막 안에서 저지른 은유隱喩한 필답놀이.

약속의 시간이 해를 밀어내면
그때부터 누구라도 아니 그런 척
차가운 등을 붙이고 시치미를 뗀다.

밖은 자연스러이
원액으로 끈적거리는 어둠의 구덩이.

두꺼운 구름이 달의 얼굴을 가리고
정의가 번갯불에 귀를 움츠릴 때도
달궈진 낯만 씻어내면 그만이었다.

해를 가리고 불을 끄면
기억하는 이도,
물어볼 이도 없어서

지난 밤
우리는 그렇게 용감했는가.

스스로 부르는 노래

흔들리는 마음 단속에 절절 매다가
정신을 차려보니
옛 그림 가운데에 홀연히 놓인 듯하고

바스락 소리에 귀 앞세워 문밖에 나서면
낙엽은 댓돌에 가벼이 내리고
대숲은 어둠을 베고 잠들었네.

삽삽한 기운이 옷깃을 희롱이면
아득한 저 건너 달을 바라보네.

유유愉愉와 한적閑寂함이 언 가슴 밀어대니
우뚝 서 있을 수밖에 다른 방도가 없어
여기가 어딘지도 잘 모르겠네.

어디선가 아련히 무슨 소리 들리는 듯한데
외롭지 않다면서 어찌 그대를 그리워하리.

풍란風蘭

본격적으로 정분이 났나 보다.
얼굴이 후끈 달아오르고
가슴도 아리한 것이,

머릿속은 온통 그대가 휘저어
아, 아
나머지 노잣돈을 걸어도 아깝지 않을

곁에 붙어 보낼 시간들이
이리 초조해짐은

늦바람의 징조가
거의 분명하다.

3부

　옛사람이 "시가 사람을 궁하게 만든다"고 했다. 그 실정을 헤아려 보면 진실로 합당한 점이 있다. 무릇 가난하고 늙고 근심하고 병들고 떠돌거나 귀양살이하며 타관에 머무는 것은 사람이 좋아하지 않는 것이다, 그러나 시 속에 들어오면 아름답게 변한다. 옛날의 뛰어난 시인을 두루 살펴보니 진실로 온전하게 마친 자가 적었으므로 이를 위해 구슬피 탄식하고 숙연히 두려워하였다. 지난번 동인들과 장난삼아 문장의 아홉 가지 운명을 만들어 보았다. 첫 번째는 빈곤이고, 두 번째는 시기함이며, 세 번째는 과실, 네 번째는 좌절당해 고생함이다. 다섯 번째는 쫓겨나 귀양감이고, 여섯 번째는 형벌을 당함이다. 일곱 번째는 요절함이고, 여덟 번째는 끝이 안 좋음이며, 아홉 번째는 후사가 없음이다.

-왕세정, 예원치언藝苑卮言-

절도絕島에 닻을 내리고

밤늦게 들어가도
잠들지 말았어라.

분한 마음 풀어놔도
성내지 말아라.

혼자 배운 처세라
육지에는 닿지 않아

스스로 만든
자락길 거닐다

밤늦게 들어가도
싫은 내색 말아라.

세월

미명처럼 어두워지는 이즘에야
어디쯤 서 있는지 눈치챔은
천성이 미욱한 탓이다.

바람도 길을 물어야 찾아오는 집
마주앉으면 마땅히 대접할 게 없어

서걱거리는 과거 늘어놓기에 골몰하여
그가 바라는 것을 알지 못하고

왕왕 문턱까지 왔다가
오물 넘치는 현장을 보고 되돌아
다시는 발길을 끊을까 봐

오직 연연하고 염려할 것은
이것뿐인데,

몸의 절반을 헐값에 넘기고
안개밭을 더듬어 사는 형상,

그저, 그저
바쁜 시간의 뒤를
열심히 따라갈 뿐이다.

이른 꽃잎 지는 날

급하다기에 신도 안 신고 뛰쳐나왔더니
밖은 아직 어둡고
사방이 춥기만 하다.

불 없이 더워지는 방이 있다더냐.
숫눈 가득 쏟아지는 날
너는 어디에 있을 것이냐.

달을 바라보며

잘 지내고 있는지
그가 묻네.

밖에 나다닌 지 참 오래되었습니다.
내가 답하네.

얼굴이 조금 검어진 것 같네요.
이번엔 내가 묻네.

뭐 찾는 이가 있어야지.
그가 답하네.

외진 산하에 나를 묻고

자욱길도 외면하는
외진 산야에 나를 묻고
돌아오는 길이다.

네 기억에서 지워지지 않으면
도저히 찾아가지 못할

속 모를 계곡에 가벼이 내치고
막 돌아오는 길이다.

너를 잊을 모양이다

조각생각 한쪽으로도
여물었던 하루.

웃음 한 치로도
무너지던 정조.

허리를 둘렀던 도도한 산성山城은
스스로 허물어져 형체를 잃어

무기력한 나는
이쯤해서
너를 잊을 모양이다.

첫눈

흐린 하늘가에 서성거리면
드디어 나타나는 벅찬 기별도
이제는 봐도 안 봐도 그만이다.

잠깐 흰 천으로 도포하였다가
금세 걷히는 신기루 같은 거리를
함께 기다리다가 떠나간 인연,

그게 내게
첫눈이었나 보다.

나를 찾아서

생긴 것도 모르고
어디에 있는지도 모르는 그네는

새벽이나 잠들기 바로 전이나
밀지(密旨) 한 장 함부로 던져놓고
이내 사라져 버리는 놈이다.

어디 있는지 알아야 찾아서 다스리고
무얼 먹고 사는지 알아야 대책을 세울 텐데

그래도 귀신같이 먼저 알고
꿈을 감시하고 옭죄는,

있기는 있는데 본 적이 없어서
정말 없는 건지도 알 수 없는,

요양원

여기가 어디인지 알 수 없지만
앞뒤가 하얀 침대에 누워
아침 같은 저녁을, 저녁 같은 아침을 맞네.
손목은 마른 나뭇가지같이 앙상하고
머리칼은 부스러질 듯 거칠기만 하네.
쪽창으로 해가 보이더니 까치놀이 지고
금방 어둑해지네.
그 사이 한 일이라곤 아무것도 없네.
어린 날을 쫓아가면 조각나 이어지지 않고
몸은 무거워 기억을 잡을 수 없네.
흐릿한 문 너머에서 어떤 처자가 다가오네.
고향을 물어보네.
알려주었지만 못 알아듣네.
자식은 있는지 물어보네.
그러고 보니 살아 온 90년 동안
그림자가 자식이고 착한 영감이었네.
울고 싶은데 눈물은 아니 나고
이지러진 거울 속으로
야윈 얼굴 하나 손을 건네네.
웃으니 그도 따라 웃네.

그새 옆자리 벽이 휑하네.
저네는 매일 천장만 바라보더니
허공으로 떠났나 보네.
또 어둠이 찾아오네.
아니 아침인지도 모르겠네.

말을 노래함

중국 지린성에 겨울이 내리면
일찍 눈 비빈 어부들이 어둑새벽을 속이며 모인다네.
늙은 몸은 무거운 그물을 수레에 싣고
얼어붙은 호수로 끌고 가야 한다네.
주인은 서너 겹의 옷을 끼어 입고 입마개와 털장화도 신었지만
가여운 알몸은 겨우 털조끼 하나를 걸치고 있을 뿐이네.
얼음 속에 수백 개의 구멍을 뚫어 긴 그물을 내리면
아득한 지평선을 아침이 두드리네.
그물을 걷는 붉은 깃발이 언제 올라가나 그것만 초조히 기다리다
드디어 살을 찢을 듯한 채찍이 등을 후려치면
목뼈가 부러져야 겨우 올라오는 줄을 메고 숨을 헐떡거리네.
주인은 앞으로 가라 죽일 듯 재촉하고
얼음바닥은 미끄러워 네 발이 후둘거리네.
입김은 얼어서 볼에 붙고
눈썹에는 고드름이 길게 매달렸네.
추위와 배고픔에 기진할 정도가 돼야 작업은 끝나고
주인은 이제야 집으로 간다며 등에도 짐을 옮기네.
어느새 새벽 같은 어둠이 사방에 둘러서면

먹지도 못하는 물고기를 가득 끌고
온 길보다 더 먼 눈길을 되돌아 나오네.
어린 새끼가 소리치며 반기지만 입이 얼어 아무 말 못하네.
눈보라는 강이나 집이나 마찬가지인데
방안에선 웃음소리 그치지 않네.
불 켜진 창문을 들여다보니 장작불이 붉게 타오르고
주인의 무릎에 앉아 꼬리치는 개는
보고 싶어 죽을 뻔했다고 아양을 떨고 있네.
또 내일이면 걸어 가야 할 저쪽은
눈물인가 눈보라에 가려 자꾸 거친데
철모르는 새끼는 대책 없이 젖을 파고드네.

석순

말없이 늘어져 죽은 것 같지만
팔천 년 전 그날
말없이 머물다 간 소녀를
뜨겁게 그리워한다.

나이

얼마 전부터 북벽北壁을 마주하고
녹슨 안경도 드디어 잃어버렸으니
이제 건너와 밤새 보챈다 해도
어쩔 수 없게 되었다.

사랑

이렇게 가슴을 헤쳐 놓고
정리도 안 하고 가버리는
마음이
편합니까?

인생

빈 지개를 채우려면 하세월이라
이제야 정신이 들까 한데,
해는 서산에서 손짓하고
소[牛]는 집에 가자며 낮게 운다.

황구 黃狗

거리를 빤빤히 다닐 수 있는 게
저 위인뿐이라니.
아무 데서나 변을 보는 것도
다 속에 무엇이 있는 까닭이지.

세상이 변하였습니다

이천오백 년 전
어디에 있었던
길목을 더듬다가
자정이 되도록 감감한
외동아이를 걱정한다.
전철을 탔다고 했으니
오기는 올 것이다.

여자가 열두 시를 지나다니면
이상한가요?

아버지
세상이 변하였습니다.

덕장

예전에는 물 밖이 그리도 그립더니
죽어서도 종일 볕과 노니는 걸 보면
못 믿을 게 떠난 임의 말이라지만
절반은 공평한 거 아니냐.

석창포

서슬 같은 잎 길게 뻗어
함부로 베일까 곁에만 고이 두고
속 깊은 임에게만 전해주는 향기는
결코 홀로는 더럽혀지지 않음이다.

청풍淸風을 들여 서안 위에 올리고
가물거리는 등잔불에 사위어가는 밤
하늘도 봉창도 깊이 잠들었는데
총총히 선비와 글 읽고 있다.

이제는 그리움 더 없으려 했으나
문득 창가에 대 그림자 아른일 때
말없어도 푸른 그대가 거기 있었음을
옛 생각 더불어 떠올리리.

4부

    선비가 스스로 고상하게 하는 것은 하나의 길만은 아니다. 도덕을 마음에 지니고 때를 못만나 몸을 고결하게 지키는 사람도 있고 족함에 그치는 도를 알아서 물러나와 안전을 보존하는 자도 있다. 또 자신의 능력이나 분수를 헤아려서 알려지는 것을 구하지 않고 편히 있는 자가 있고 맑고 깨끗한 정신으로 자신을 지켜 천하의 일을 관계치 않고 홀로 그 몸만을 깨끗이 하는 사람도 있다. 그들이 처한 것이 비록 득실과 대소의 다름은 있으나 모두 그 일을 스스로 고상하게 하는 자들이다. 선비의 고상한 그 뜻이 본받을 만한 까닭은 나아가고 물러남이 도리에 맞기 때문이다.

-주역周易-

석별

떠나는 내가 더 초조히
그대의 배웅을 받네.
잘 계시게 부디
한 바퀴 돌아오면 서로 몰라 볼 텐데,

춘절春節

아지랑이 보인다고 밖은 부산한데
마음은 상강霜降의 벌판을 거닌다.
아이야 지금 시름없이 씨를 뿌리면
정녕 꽃향기를 맡게 되겠니?

초행初行

실버들 더 휘어지기 전에
슬픔은 모르게 가시게.
앞뒤가 뒤섞이는 저녁에는
걸음만 무거워진다네.

스승

벽거僻居한 스승들이 한소리로
내가 살아봐서 아는데
어떻게 그리도 할 수 있었는가.
되물어도 모두 똑같은 소리.

가족여행

붙잡히지 않는 세월을 잘 따라다닌 덕에
아이 나이 스물넷,
나와 식구는 쉰다섯이나 되었다.
우리는 모처럼 함께 집을 나와
충청도 깊은 곳을 여행하다가
열쇠를 안에 둔 채로 차를 잠가
30분쯤 후에나 올 수리차를 기다리고 있다.
아이는 도롱뇽 알을 찾아 폴짝거리고
식구는 간이의자처럼 길가에 앉아있다.
신선한 산골에 봄이 내리고
구름의 그림자가 곁을 지나간다.
아이가 커서 내 나이가 될 즈음
고적한 길을 한 바퀴 돌아온 이날을 기억하고
그때는 지금보다 한참 어찌되어 있을
아빠와 엄마의 모습을 떠올려 줄 것이다.
애틋함 말고는 더할 것이 없는
세 식구의 여행이다.
많이는 없고,
어쩌다 한번 있을법한 호강이다.

실책失策

물소리 듣다 같이 저물어
빈 가슴 안고 돌아오기.
옛날에 생겼다면 그리 했으리
못난 놈 시절조차 잘못 잡았지.

사다리

흙발로 오르다 미끄러진 그대
운명을 찾다가 부실만 탓한다.
백 년을 올라봐야 하늘 밑바닥
그리 가르쳐 주어도 듣지 않더만,

대나무竹

곧고 허한 정 있어도
알아주는 이 없으면 허당이라고,
속 찬 참나무만도 못한 것이
조석朝夕이 같음을 시기한다.

한탄

모로 누워 장자莊子를 부르네.
스승의 말은 언제나 어이없어
바람이 바위를 씻는 것을 바라보라 하네.
어릴 때 왜 그런 말을 해 가지고,

다완 茶碗

아득한 광장
집 나온 바람이 혼자 놀다 가더니
어느 날
달빛이 가득 고여 있다.

술을 마셔야 한다

누가 저녁마다 찾아와 절절히 이르기를
사내는 모름지기 술을 마셔야 한다고,

마시기는 마시되 취하지 않음은
눈감은 연애와 다름이 없다고,

당신이 뭐 대단하여
비우거나 끊어먹기가 아깝냐고,

불빛도 없는 곳에 저를 보내놓고
늘어지게 한판 놀아보라고,

줄 없는 거문고를 뜯으며 말하기를
도대체 무엇을 버릴 수 있느냐고

혼자 걷는 방법을 배우려면
혼자 술을 마시라고,

사오四吾

지방벼슬 오래했다고 주는 연금으로
용슬容膝에서라도 통랑공명通朗空明과 수작하다가
때 익으면 태연히 자리에 들어
연수研修를 마치는 것.

잊음

매일 옆에 있어 그런 줄 알았는데
한 사날 안 보이는가 싶더니 가고 없네.
그렇게 잊히라면 그리해야지.
나 또한 그대에게 그리한 것을,

그릇

그리 크지도 않아
두 홉 반짜리.
채우려면 그래도 아마득하여
아마도 작은 것만 걸려드는지.

기다림

한 나그네가 걸어오네.
격조한 사정을 물어보네.
기다림으로 연명한 것이지
그대 때문은 절대 아니라 하네.

| 시인의 산문 |

무엇으로 시를 쓰는가?

 무엇을 얻을까 기대했으나 얻지 못했을 때, 그것이 내 잘못인 것 같아 부끄럽기도 하고 운명의 장난인 것 같아 억울하기도 할 때, 이것이 순리가 아니라고 배웠는데 세상이 역리逆理로 돌아갈 때 끓어오르는 감정, 한쪽 마음으로는 불의라고 거부하면서도 다른 한쪽은 다 그런데 하면서 수용해야 하지 않는가 하는 갈팡질팡하는 갈등, 현실적으로 무력한 자신의 처지에 대한 번민과 괴로움…
 이것이 분憤이다.
 마음 심心과 클 분賁 자로 형성되어 있다.
 마음이 무성한 조개무지처럼 크게 부풀어 다급하게 발끈하고 급해지는 현상을 말한다.
 결내다, 성을 내다, 괴로워하다, 번민하다, 흥분하다, 감정이 북받치는 것이다.

인간인 이상 분憤을 느끼지 않는 경우는 없을 것이다. 그리고 각자 분을 다스리며 살고 있다. 안 그러면 복창이 터져 미치거나 아예 좌절할 것이기 때문이다.

그리고 그 분憤이 글의 화로火爐를 뜨겁게 덥혔다.
고고하게 키웠던 뜻을 세상에 펼 수 없음을 자탄하며 자신의 웅지가 잘못된 것인가, 잘못되었다면 왜 어떻게 잘못되었는가. 이런 저런 생각에 날을 밝힌다.
그리고 옳다고 생각했던 고집을 꺾지 못하고 더러는 마음의 병을 얻거나 속세에 담을 쌓고 들어앉아 대나무나 소나무, 매화나 국화들을 가까이에 둔다.
호숫가를 거닐면 파도치는 마음을 대신 달래주고 바람은 이리 저리 생각을 옮겨다 준다.
무심한 달그림자에 자신의 모습을 비춰보거나 바닷가나 산허리를 맴돌면서 이끌어주지 않는 운명을 한탄하고 끓어오르는 분을 눌러 앉혔다.

은자隱者들의 삶이 그러하였다면 선비들은 어떠하였는가.
그들의 분憤은 자신을 합리화하거나 남을 해한 수단이 아니라 곧은 붓을 타고 내려와 글이 되었다.
복수의 칼을 휘두르거나 상대를 원망한 것이 아니라 그 울분을 먹으로 갈아버렸다.
분은 먹물이 되어 모이고 글 속으로 사라졌다.
하루에도 창자가 아홉 번이나 뒤틀리고 집에 가면 무엇을 잃어버린 듯 허전하고 문을 나서면 갈 길이 막막했던 이들은 그래서 글을 쓴 것이다.

따지고 보면 이루지 못하는 사랑의 시도, 앞을 알 수 없어 불안한 눈먼 사랑의 시도 일종의 바라는 것을 얻지 못함에서 비롯되는 분의 표현이라 할 수 있을 것이다.

사마천은 말했다.

서백은 구금이 된 후에 주역을 완성하였고, 공자는 곤고함 속에서 춘추를 지었다. 굴원은 쫓겨난 뒤에 이소를 썼으며, 좌구명은 실명한 후에 국어를, 손빈은 발뒤꿈치가 잘린 후에 병법을 완성하고, 여불위는 촉 땅으로 좌천된 후 여씨 춘추를 지었다. 한비는 진나라에 감금된 후에 세난, 고분을 쓰고 시경 삼백 편은 성현들이 마음속 고통과 의지를 드러내어 지은 것이다. 이런 사람들은 모두 마음속에 맺힌 울분憤을 덮어둘 수 없어 그런 것이다.

그 발분發憤의 정신과 한恨은 한통속이다.

게다가 궁窮까지 한 배에 타고 있다면 누구나 운명에게 물어볼 것도 없이 시인이 되고 만다.

글재주란 것도 필요 없다. 그 마음 가는 대로, 마음이 이르는 대로 내버려두면 된다.

공감이 가는 시를 쓰려거든 발분서정發憤抒情해야 한다.

그러나 발분發憤은 사분私憤이 아니라 공분公憤이어야 하고 불

분不憤이 아니라 의분義憤이어야 한다.

  스승들의 가르침은 언제나 단호하고 매한가지인데 나는 헤어 나오지 못할 늪에라도 빠진 것처럼 두려움에 엉거주춤하고 있다.
  내 글의 모태는 은하수가 빤히 보이는 섬이었고 숙주는 가난이었다.
  시를 끼적거리게 만드는 분憤도 사실은 여기에서부터 시작된 하찮은 것이다.
  그러니 깊이나 모양새는 허접하고 혼자 써서 혼자 즐길 뿐이다.

은자隱者가 되고 싶다

속세를 떠나 초야에 묻혀 산다.

자신의 이상과 절의絶義를 위해 벼슬을 마다하고 외진 곳에 숨어 지낸다.

세속의 명리다툼에 끼지 않고 저만치 물러나 자신의 생을 돌본다.

번잡한 사회에서 자신의 뜻을 펴지 못하는 많은 이들이 꿈꾸는 은자를 요즘 더욱 생각하게 된다.

은자는 지조와 절개가 세속에서 빼어난 풍모가 있어야 하고 마음이 씻을 듯이 맑고 깨끗하여 홍진紅塵을 뛰어넘는 기상이 있어야 하며, 몸은 흰 눈을 건너 온 것처럼 결백해야 하며, 뜻은 하늘의 푸른 그름을 능가하여 곧바로 하늘 위에 다다라야 한다. 천금을 초개草芥와 같이 여겨 돌아보지 않고, 만승천자의 자리조차도 신발짝을 벗어 버리듯 하여야 한다. (北山移文, 孔稚圭)

이런 글을 읽을 때마다 마치 잃어버린 소중한 것을 발견한 듯 마음이 안정을 찾게 되는 것으로 보아 옛 선비들의(그것도 숨어사는 은자) 가슴과 닿아 있는 듯하기만 하다.

그러나 고요함 속에서 고요함을 추구하는 것은 진정한 것이 아니라고 하고 부귀를 멀리한다 해도 토끼 굴에 살 필요는 없다고 하니, 이런 번잡한 도시의 한복판에서 은자의 정신세계를 훔쳐보는 것이 더 의의가 있을지 모른다.

속세의 이들이 관심을 갖고 추구하는 보통의 뜻과 달라야 하고 취향도 달라야 하니 은자가 된다는 것이 벼슬을 유지하는 것 보다 여간 더 어려운 게 아니다.

어울림도 쉽지 않고 대화 또한 어렵다.

게다가 한번 품은 지조와 절개까지 지켜야 하니 은자가 그저 덩굴과 가지로부터 물리적으로 떨어져 나감만은 아니다.

그러나 은자가 되고 싶다.

이곳을 떠나 한적한 산 속으로 들어가는 것이 아니라 몸은 여기에 머물되 마음은 청량한 대숲 속에 들어가 있고 싶은 것이다.

저들이 부와 명예를 얻기 위해 애쓰는 동안 나는 글을 짓고 마음을 다스린다.

강호의 은자를 흉내 내면서 분에 넘치는 작록爵祿에 얽매어서는 안 된다며 스스로를 다스린다.

은자의 즐거움을 얻기 위해 자존심을 버리며 쏟아야 하는 수고가 내 뜻과 맞지 않아 작은 옷을 입은 것처럼 답답하고 진흙 바닥을 걷는 것처럼 불편하니 어쩔 것인가?

선비가 도를 논하면서 가난한 것과 명예가 없는 것, 권세가 없는 것을 수치로 삼으면 안 된다고 배운다.

성긴 모포자락으로 몸을 가리고, 안회처럼 명아주국으로 끼니를 잇는다 해도 염담하고 청정한 자아를 누리면 족하지 않겠는가?

홀로 앉아서 소쇄(蕭灑)함을 누릴 수 있다면 뭣이 더 욕심날 것인가?

앞으로는 대중 속에 들어가더라도 화이부동(和而不同)의 가르침을 따라야 할 것이다.

은자의 맑은 흥취는 모두 자적하는데 있어,
술은 권하지 않는 것으로 즐거움을 삼고,
바둑은 다투지 않는 것으로 이김을 삼고,
피리는 구멍이 없는 것으로 적당함을 삼고,
거문고는 줄이 없는 것으로 고상함을 삼고,
만남은 기약하지 않는 것으로 참됨을 삼고,
손님을 마중하거나 전송하지 않는 것으로 편안함을 삼는다.

만일 일단 겉치레에 사로잡히고 형식에 얽매인다면 문득 속세의 고해에 떨어지고 만다.

말만 은자이고 행동은 속자(俗者)를 따른다면 향원이나 진배없다.

  마음을 더 추스르고 공부를 해야 할 일이다.

  어느 날 문득 달 아래라도 서 보면 아무리 생각해도 어눌하여 이 시대와는 어울리지 않는 옛날 사람 같기만 하다.

도정陶靖을 기리며

　1600여 년 전의 까마득한 세상에 살았던 사람, 아득히 먼 세상에 존재했던 은일한 시인이며 처사였던 도연명陶淵明이 인터넷과 자동차와 핸드폰이 생활수단이 된 지금에 사는 이내 가슴을 파고든다.
　전에는 그리 절절하지 않았으나 지금은 온통 그를 닮고 싶은 마음에 그의 생활을 동경하게 된다.
　돈이 많아서, 권세가 높아서, 아니면 많은 이들의 존경을 받는 인덕을 가진 자라서가 아니라 무언가 내 마음과 통하는 정신이 있기 때문이다.
　그 정신은 바로 비굴하게 타협하지 않고 자신만의 선善을 지키려고 했던 절개이다. 또 하나가 있다면 자신을 겸손하게 낮추는 수졸守拙의 정신이 아닐까?

　인간인 이상 어찌 먹고 사는 문제와 남들에게 위세하고 싶은 공명심, 그리고 명예욕이 없을까? 세상과 조금만 타협했더라면 적어도 먹고 사는 문제는 해결하였을 그는 얼고 굶주려 노상

겨로 연명을 하고, 겨울을 넘길 거친 무명천도, 여름 해를 가릴 굵은 갈포도 부족한 궁상을 스스로 자초하며 살았다.

성질이 생긴대로 굴러야 하고 억지로 닦달해서는 고쳐지는 것이 아니어서 굶주림과 추위가 절박해도 자기를 어기면 자꾸 병이 나기 때문(違己交病)이라며 미련없이 벼슬을 버리고 처와 네 아들을 이끌고 가난이 절절 흐르는 전원으로 돌아간 도연명이다.

41살이라는 창창한 나이에 구차함과 고독이 기다리는 전원으로 돌아가며 지은 「귀거래사」에서 "교제를 그만두고 나다님을 끊으리라(請息交以絶遊), 세상과 나는 서로 어긋났으니(世與我而相違)"하며 적응하지 못한 세상을 직시하고 자신의 험난한 미래를 암시하기도 하였다.

가난이 철철 흘러 그의 말대로 "어린것들이 방에 가득하고 작은 그릇에 모아둔 곡식이 없어 생활에 필요한 것을 마련한 방법이 없었던" 때에 어렵게 얻은 현령(지금으로 말하면 읍장 정도의 직책)을 버린 동기도 그의 곧은 성격을 잘 웅변해준다.

군郡에서 어떤 일로 독우(督郵 : 점검관)를 파견하였다. 그가 알아보니 독우라는 자가 아주 보잘것없는 자였다. 현의 아전이 이르기를 상급기관에서 나오니 관대를 메고 만나야 한다고 하였다. 도연명이 탄식하고 이르기를 "나는 오두미 때문에 허리를 굽힐 수 없다."하고 직인을 풀어놓고 현을 떠났다.(진서晉書, 은일전隱逸傳의 기록이라고 하나 여러 가지 설이 있음)

도연명은 떠날 때의 정황을 마침 이복여동생이 사망하여 가봐야 했기 때문이라고 하였지만 그의 올곧은 성격에 따른 상관이나 상급부서와의 마찰 등도 변수가 되었을 것은 자명한 일이라 하겠다.

사촌동생을 제사하는 시(47세)에 보면 "나는 일찍이 벼슬 사느라 세상일에 휩감기고 떠돌아다니면서 이룩함 없어 본래의 뜻을 저버릴까 두려워 벼슬 치우고서 돌아와 버렸더니…"하는 구절이 나온다.

그 후 63세까지의 여생을 술과, 줄 없는 거문고와, 책을 벗하며 외롭게 살면서도 빈천함을 슬퍼하지 않고(不戚戚於貧賤), 부귀에 급급하지 않았다(不汲汲於富貴). 오히려 부귀는 내 소원이 아니라(富貴非吾願)는 말로 대신하였다.

생계수단이었던 벼슬을 버리고 숨은 은자의 가슴에 무언가 불같은 의분이 없었을까? 그 열화를 달래기 위해서라도 술을 마셔야 했던 그였으나 가난하여 자주 마시지는 못하였다. 머리에는 항상 두건을 둘러썼는데 술지게미를 거기에 걸러 마셨다고 하나 무절제하지 않았으니 자제력도 만만치 않은 그였다.

그의 유명한 시 중의 하나인 「오류선생전五柳先生傳」은 28세에 쓴 것이다. 그 나이에 이미 생을 관조한 그였다.

"(그는) 한유하고 조용하며, 말이 적고, 영화와 이익을 사모하지 않는다. 책읽기를 좋아하나 심한 풀이를 바라지 않고 깨닫는 바가 있을 때마다 흔연히 식사를 잊곤 한다. 천성이 술을 좋아했으나 집안이 가난해서 늘 얻지는 못한다. 친구들이 그의 이러한 사정을 알고 어쩌다 술을 차려놓고 그를 불러주면 가서 마시고 곳 다해 버리는데 목적은 반드시 취하는 데 있었고 취해 버리면 물러가지 정리에 끌려가고 머물고 하는 일이 없었다. 오도막집이 쓸쓸한 게 바람과 해를 가리지 못한다. 짧은 헌 옷은 뚫어지고 찌거매고 하였고, 음식 그릇은 자주 비고는 했으나 태연했다. 늘 글을 지어 혼자서 즐기는데 자신의 뜻을 나타낸다. 득실을 생각하기를 잊어버리고 그렇게 해서 스스로 인생을 끝낸다."

41세 때 얻은 현령자리를 80여일 만에 홀연히 그만두고 전원으로 돌아가 죽을 때까지 몇 번 벼슬이 천거되었지만 응하지 않은 것으로 알려져 있다. 세상과 타협하여 잘사는 것보다 가난을 각오하며 옳은 길(善)을 걷는 것을 택한 그였다. 이런 저런 공직생활을 합하면 13년에 이르는 그가 속세와 담을 쌓고 전원에 은거하며 자연과 관련된 시를 많이 지어 최초의 전원시인이라는 칭호를 받는다.

그의 시는 꾸밈이 없고 스스로 교결하다고 자처하지도 않았을 뿐 아니라 남들이 이해하기 쉬운 문체로 되어있다.

그러면서도 타협하지 않는 절개, 꼿꼿한 선비의 자세가 곳곳에서 나타난다.

그가 죽기 1년 전 그러니까 62세 때 단도제라는 자사가 그를 찾아갔다. 그때 도연명은 허기져 수척해진 채 누워있는 지가 이미 여러 날째였다.

"현자가 세상을 삶에 있어 천하에 도가 없으면 숨고 도가 있으면 나오는 것인데 지금 당신은 문명된 세상에 태어났는데 어찌하여 이토록 자신을 괴롭히는가?"

하고 묻자

"나는 감히 현자를 바라지 않고 뜻이 미치지 못하는 것이다."

하였다.

그가 57세 때 지은 자식에게 주는 시(與子儼等疏)에서 자신의 이야기를 진솔하게 털어 놓았다.

-(나는) 젊어서부터 가난에 쪼들렸고 늘 가계가 막연했기 때문에 동으로 서로 뛰어다녔다. 성질이 강퍅하고 재주도 졸렬해서 남에게 거슬리는 일이 많아 자기 마음대로 굴면 반드시 세속적인 환난을 자아내게 되리라고 스스로 생각하여 애써 세상과의 접촉을 끊어 너희들을 어려서부터 굶주리고 춥게 만들었다. -젊어서 고(鼓)와 책을 배웠고 우연히 한가하고 조용함을 좋아했던 것으로 책을 펴서 읽어 나가다가 터득하는 점이 생기게 되면 흔연해지고 식사를 잊곤 하였다. -오뉴월 중에 북쪽 창 밑에 누웠다가 서늘한 바람이 훌쩍 불어오는 것을 만나게 되면 혼자서 복희씨의 시대 사람이라고 여겨진다.-

그가 죽기 전에는 나 자신을 제사하는 글(自祭文)을 썼다.

- 마음은 언제나 한가하여 천명 즐기며 분수에 맡기고 한평생을 살았다. 그런데 이 한평생을 남들은 아끼고서 성공 없을까 두려워하며 하루를 탐내고 한 시각을 아껴 살아있으면 세상이 진중해 주고 죽어도 역시 생각해 주도록 한다. 아 아 나는 혼자서 내 길을 가면서 이와는 다르게 살아왔다. 총애는 나의 영광이 아니고 검은 물인들 어찌 내 검음이랴, 가난한 초막집에서 우쭐해서 지냈으며 얼근하게 술 마시고 시를 지었다. 운을 알고 명을 이해하면 어찌 뒤돌아보지 않을 수 있겠는가, 나는 지금 바로 죽어가지만 한이란 없을 수 있다. 목숨은 백 살에 다가가고 몸은 은둔생활 사모하였고, 늙어서 죽어가게 되었으니 더 이상 그리워할 게 무엇이겠나.-

8살 때 아버지를 잃고, 생모와 서모를 같이 두고, 본처를 잃어 재취를 하고, 재취의 아들까지 5명의 자식을 건사하면서도 지조를 버리지 않았던 도연명.

그의 파란만장한 삶과 인간적인 고뇌가 한 잔의 술과 현 없는 거문고, 그리고 책만으로 잊힐 수 있었을까? 달빛이 훤히 비추는 밤이나, 배고픔에 아파하는 처자식들의 모습을 보며, 아니면 시리도록 추운 겨울에 다 여름옷을 걸치고 앉아 스스로 차버린 영화에 대한 미련과 자신의 바보스러움을 한탄하지는 않았을까?

飮酒(其19)
疇昔苦長飢(주석고장기)
投耒去學仕(투뢰거학사)
將養不得節(장양부득절)
凍餒固纏己(동뇌고전기)
是時向立年(시시향립년)
志意多少恥(지의다소치)
遂盡介然分(수진개연분)
拂衣歸田里(불의귀전리)
冉冉星氣流(염염성기류)
亭亭復一紀(정정부일기)
世路廓悠悠(세로확유유)
楊朱所以止(양주소이지)
雖無揮金事(수무휘금사)
濁酒요可恃(탁주요가시)

지난날 오랜 굶주림에 시달린 끝에
보습 내 던지고 벼슬살이를 흉내 내었다.
의식의 마련 제대로 못되어서
춥고 배고픔은 물론 나를 붙어 다녔다.
그때는 30에 가까운 나이였는데
마음속에는 부끄러움 많았다.
드디어는 내 고고한 분수 다 드러내어
옷을 털고 전원으로 돌아오고 말았다.

그지없이 별 기운 흘러가서
어느덧 또 12년이 지났구나.
세상길은 넓고 한정없이 멀어서
양주는 그 때문에 가는 길을 멈췄던 거라.
비록 돈 뿌리는 일이 없기는 하지만
탁주만큼은 그래도 믿을만 하다.

자기 신념에는 더없이 강하고 타협에는 졸렬했던, 그러나 용기가 있었던 도연명을 기리며 지금 그보다 훨씬 많은 것을 가지고 있는 내가 그 같은 용기를 내지 못하고 마음속으로만 사모함을 진정 부끄러워한다.

겨울 문턱에서 두보杜甫를 생각한다

구름도 겁이나 함부로 넘지 못한다는 험준한 산세를 따라 난 좁고도 아득한 중국의 스천四川길, 낡은 수레에 헐벗은 여러 명의 식솔을 의지하고 살을 에는 추위에 떨며 정처없는 유랑 길을 걸어가는 백발의 중년이 있었다.

휘황한 눈빛 너머 회한에 잠긴 심정을 달래며 전쟁으로 일그러진 산하를 향해 피를 토하는 충정과 백성들의 혼곤한 삶을 대변해 주었던 시인 두보(712~770)다.

그는 유교를 숭앙하는 양반의 자제로 태어났으나 어려서부터 가졌던 벼슬의 뜻을 이루지 못하고 노상 가난에 허덕였다.

늦은 나이인 마흔에야 비소로 집현원集賢院 대제待制라는 직책을 얻었다.

차후 채용 여부를 결정할 테니 일단 집현원에서 대기하라는 뜻이니 정식 관직은 아니었다.

그 당시의 생활상을 추우탄秋雨歎에 썼다.

– 찬바람은 소슬하게 철을 재촉하는데, 때늦은 너(결명차)는

도저히 혼자서 버티지 못하리라. 이 집의 서생은 헛되게끔 백발이 되었고 바람 따라 너의 향기 연신 맡으며 눈물짓는다.-

마흔둘이 되어 군위군 우위솔부右衛率府 병조참군사라는 정8품(지금 7급 정도의 직급)의 벼슬을 얻는데 황태자에 딸린 호위부대의 병기관리자쯤 되는 직책이다.

말단이기는 하나 드디어 벼슬을 얻었으니 어찌 기쁘지 않았을까? 그러나 끼니를 해결하기 어려워 일전 봉선현 친척에게 의탁한 가족을 데리러 떠나는 그 앞에 나타난 현실은 어둡고 슬펐다.

정식으로 공직에 발을 디딘 공직자의 눈에 보이는 것은 위대한 황제의 치적이 아니라 도탄에 빠진 백성의 모습이었던 것이다.

처자를 찾아 황제(현종)의 휴가지인 여산 부근을 지나는데 양귀비에 빠진 현종이 그녀를 위해 지어준 화청궁에서 함께 온 천욕을 하는지 모락모락 연기가 피어올랐다.

- 대가에선 술과 고기가 썩어나지만 길가에는 얼어 죽은 시체가 가득하다.-
-「봉선현으로 가는 길」일부

백성들이 고통 속에서 사는 모습을 보면서 연민을 느끼고 그들의 고통은 안중에 없이 부패와 쾌락으로 나라를 망치는 관료들에게 두보는 분노를 느꼈다.

11월의 뼈 시린 날을 견디며 집에 도착해 보니 목메어 그를 기다리던 어린 아들은 이미 굶어 죽어 있었다.

- 집에 들어서니 그칠 줄 모르는 울음소리, 어린 자식이 이미 굶어 죽었으니 내 어찌 한순간의 슬픔인들 잊으랴, 마을 또한 목메어 운다. -
- 「봉선현으로 가는 길」 일부

그 다음 해에 중국 역사상 가장 처참한 전쟁으로 기록된 안록산女祿山의 난(755~763년)이 일어난다.

전쟁은 인간의 본성도 파괴한다고 하는데 8년여의 내란은 국토를 피로 물들게 하였다. 600만여 호의 가옥이 사라지고 3천만 명이라는 죄 없는 백성들이 사망하였다.

두보는 반군에게 사로잡혔다가 천신만고 끝에 도망을 쳐 피란을 떠난 현종의 대를 이은 숙종의 행재소行在所를 찾아갔다.

그때 몸에 걸친 것이라곤 팔꿈치가 다 드러날 정도로 해진 홑두루마기에 낡은 삼신麻鞋을 신고 있을 뿐이었다.

숙종은 추레한 몰골로 도망쳐온 백발의 부하가 가상하였던지 좌습유左拾遺라는 종6품의 벼슬을 주었다. 습유란 임금이 떨어뜨린 것을 줍는다는 뜻이니 임금이 부족한 부분을 채워주는 직책으로 지금 말하면 정책의 잘못을 지적하는 간관諫官의 벼슬이다.

두보는 그 당시의 느낌을 이렇게 시로 썼다.

去年潼關破(거년동관파) 지난해 동관이 함락된 이래
妻子隔絕久(처자격절구) 처자와 떨어진 지 오래였거늘
今夏草木長(금하초목장) 이번 여름 초목 우거진 틈에
脫身得西足(탈신득서족) 탈출하여 몰래 서쪽으로 내달려
麻鞋見天子(마혜견천자) 짚신을 신은 채로 천자를 알현할 때
衣袖見兩肘(의수견양주) 옷소매 떨어져 양 팔꿈치 내보이네.
朝廷愍生還(조정민생환) 조정은 내 생환 연민해 주었고
親故傷老醜(친고상노추) 옛 벗은 늙은 이 몸 동정해 주었네.
涕淚受拾遺(체루수습유) 눈물로 좌습유의 벼슬 받으니
流離主恩厚(유리주은후) 유랑한 나에게는 과중한 은총이라
柴門雖得去(시문수득거) 당장에 싸릿문 내 집 갈 수 있으나
未忍卽開口(미인즉개구) 차마 입 벌려 가겠다 할 수 없네.

전쟁으로 인해 혼란하던 시절이라 식구들 건사하기는커녕 제 목숨도 온전히 지키기 어려웠을 상황에서 그 역시 강퍅한 기질을 어쩌지 못하고 성을 지키다 실패한 방관이라는 장군을 변호하다가 왕의 노여움을 사게 된다.

얼굴도 낯선 갓 들어온 신하가 절박한 풍전등화의 전시 상황에서 사소한 잘못으로 부하를 처벌하는 것은 옳지 않다고 직언을 했으니 노여움을 자초한 것은 아니었을까?

그때 나이가 46세이고 좌습유의 벼슬을 얻은 지 불과 보름만의 일이었다.

왕이 의례적으로 신하들의 의견을 물어보았을 뿐일 텐데 그

저 분위기에 따라 대답하였으면 될 것을… 그럼 최소한 직職은 유지하고 굶주림은 면하지 않았을까?

그가 근신의 명을 받고 가족이 있는 부주로 떠나며 읊은 시가 700자 50구의 장편 시인 「북정北征」으로 그의 대표적인 시이다. 좌천이 되었으면서도 황제에 대한 충성과 나라 걱정, 가난한 국민들에 대한 가이없는 사랑이 젖어있다.

北征-4(북정-4)

慟哭松聲廻 悲泉共幽咽(동곡송성회 비천공유연) 통곡하는 소리가 솔숲에서 메아리로 돌아오고 슬픔에 시냇물도 같이 흐느껴 운다.

平生所嬌兒 顔色白勝雪(평생소교아 안색백승설) 평소에 귀엽던 아이들도 안색이 창백하여 눈보다 더 희다.

見爺背面啼 垢膩脚不襪(견야배면제 구니각불말) 아비를 보고도 등지고 우는데 때 묻은 다리에는 버선도 없다.

牀前兩小女 補綴才過膝(상전양소녀 보철재과슬) 평상 앞에 있는 두 딸은 기워 입은 치마가 무릎을 겨우 덮었다.

海圖坼波濤 舊繡移曲折(해도탁파도 구수이곡절) 옷무늬 바다그림은 파도가 갈라져 있고 오래된 수는 서로 어긋나 구부러

져 있다.

天吳及紫鳳 顚倒在短褐(천오급자봉 전도재단갈) 바다 신 천오天吳와 자색紫色 봉황鳳凰은 짧은 옷에 거꾸로 매달려 있다.

老夫情懷惡 嘔泄臥數日(노부정회오 구설와수일) 늙은 아비는 마음이 상하여 토하고 설사하며 며칠을 몸져누웠다.

那無囊中帛 救汝寒凜慄(나무낭중백 구여한늠률) 어찌 이 보따리에 든 옷감으로 너희들 추위를 가려줄 수 없겠느냐.

粉黛亦解苞 衾裯稍羅列(분대역해포 금주초나열) 짐 풀어 화장품도 꺼내 놓고 이불감도 적으나마 늘어놓으니

瘦妻面復光 癡女頭自櫛(수처면부광 치녀두자즐) 수척한 처의 얼굴에도 화색和色이 돌고 철없는 딸도 스스로 빗질을 한다.

근신처분을 받은 그 다음 해 화주지방의 사공참군(司功參軍 : 정7품)으로 좌천된 그는 1년 정도 근무하다 48세에 완전히 벼슬을 버리고 그 후 10년을 떠돌며 가난한 백성들의 처절한 삶의 현장을 시로 그리게 된다. 그것도 혼자 떠돈 것이 아니라 열 살 밑의 아내와 다섯 살, 일곱 살, 열 살, 열세 살의 어린 네 자식을 거느리고 말이다.

그가 화주에서 지은 최후의 작품인 「입추후제」(立秋後題-입추 후에 제목을 정함)에는 "관官을 그만둔 것도 또한 사람 까닭이었고 어찌 형역(形役- 육체나 물질적 사정의 노예)에 묶이랴."하여 스스로 관직에 물러났으며 직위에 연연하지 않겠다는 곧은 선비의 자세를 엿보이게 한다. 가난이 그림자처럼 따라다닐 것을 잘 알았으면서도 그는 고향 쪽이 아닌 척박한 곳으로 향하였다.

그 후 일정한 거처 없이 황폐한 전장戰場을 떠돌다가 병을 얻어 배 위에서 죽을 때까지 그의 삶은 서글픔과 측은함 그 자체였을 것이다. 잠시 완화초당이라는 곳에 머물며 심신의 안정을 취하기도 하였고 53세 때에는 지인의 도움으로 절도참모 검교공부원외랑檢校工部員外郞이라는 벼슬을 부여받기도 하였다. 공부는 토목부서의 서기 같은 직책으로 지방의 말단 관료다. 그러나 그것도 그 이듬해 그만두었다.

원숭이를 기르는 사람 뒤를 따라 도토리와 밤을 줍기도 하고 괭이를 메고 산으로 산토란을 캐러갔으나 눈이 깊어 찾지 못하고 빈손으로 돌아오니 아무것도 없는 방에서 아이들이 배고파 신음소리를 내고 있다는 대목에서는 눈시울이 젖는다.

- 내 인생에 무엇 때문에 이 궁곡窮谷이 있는가, 밤중에 앉아 있으면 만 가지 일이 다 떠오른다. -

달빛이 저미는 밤마다 그는 이렇게 뒤척였다.

후세에 많은 이들이 기억하고 따르고 싶어 하는 위대한 사람들에게는 그 사상을 일깨워준 시련이 있었다.

18년의 유배에 지쳐 폐족이 되었음을 자인한 다산은 마음으로 쓴 『목민심서』를 품에 안고 자식에게 이르기를 앞길을 기약할 수 없지만 근면勤勉하고 시는 두보의 시를 읽으라고 권하였다.

두보의 시는 맹자가 말한 사단四端 중에서도 으뜸인 측은지심惻隱之心의 기록이었다.

신안리, 석호리, 동관리로 불리는 3리三吏와 두보의 3별(3別)로 불리는 신혼별新婚別, 수로별垂老別, 무가별無家別을 읽노라면 전쟁 통에 죄 없이 끌려가는 무지렁이 백성들의 아픈 이별의 정경이 바로 눈앞에 전개되는 것 같아 가슴이 먹먹히 저민다.

신혼별은 신혼부부의 이별을 신부의 입을 빌어 읊은 시다. 저녁에 혼례하고 부부의 잠자리가 따뜻해지기도 전에 새벽에 작별을 해야 한다. 이제 가난한 집에 나서 오래 걸려 마련한 비단옷도 앞으로 입지 않고 화장도 하지 않을 것이라고 신부는 다짐한다.

수로별은 늘그막 이별이라는 뜻이다. 늙은 몸으로 징발되어 싸움터로 가기 위해 이별하는 노부부의 모습을 읊었다. 자식들은 이미 전쟁터에서 죽고 늙은 처는 추운 겨울인데도 홑겹의 옷만을 걸친 채 땅바닥에 엎드려 흐느껴 운다. 이제 가면 영영

못 올 길인데 전쟁터로 나가는 노인에게 밥을 잘 챙겨 먹으라며 당부를 한다.

무가별은 전란으로 가족을 다 잃은 외톨이가 패전으로 낙오하여 고향에 돌아왔으나 아무도 없다. 이별할 가족도 없이 버려지고 외면당한 백성을 노래했다.

그의 시는 이처럼 가슴 곳곳을 송곳처럼 파고든다.
가슴으로 쓴 시여서 사실적이고 그래서 뭉클하고 실감이 난다.
그 역시 참혹한 전쟁을 직접 겪고 자식이 굶어죽기까지 하였으니 오죽하였으랴.
한때나마 녹을 먹었으니 백성의 아픔을 자신의 책임으로 생각했을지도 모른다.
그러면서도 양반의 신분이라 세금과 병역이 면제되고 하인을 부릴 수 있다는 것을 미안해 한 그였다.

왜 두보는 세상과 잘 타협하지 못하고 시를 쓰며 한스런 세월을 보냈는가?
성질이 도연명을 닮아 불의와 타협하지 못하고 가난을 견딜지언정 속세에 허리를 내어주지 않았음이다.
한 많은 세상에 오직 시만이 그를 배신하지 않고 시만이 그를 알아주었기 때문이리라.

- 부유(浮游)인 나는 이런 나이에 잘못 관계로 들어와 물러 날 때를 찾지 못하고 우물쭈물 주저앉아 뜻과 현실이 달라진 많은 일들을 생각한다. 천자를 간하는 직에 있으나 도움이 되지 못하고 일찍이 내 자신을 귀중한 보물처럼 여긴 것이 지금에 와서는 부끄럽기만 하다. -

일정한 거처도, 마음을 주고받을 친구도 없이 떠돌던 두보는 그리던 고향도 가지 못하고 배 위에서 외롭게 죽었다고 전해진다.
아버지에 대한 기억도 없고 어머니에 대해서도 마찬가지였던 태생이 고독했던 그였다.
집에는 배다른 동생들이 있었고 계모가 들어와 어려서부터 고모님 집에서 자랐다.
그 외로움을 달래기 위해 일곱 살부터 시를 썼다.

백성을 더없이 사랑하고 그들과 자신의 아픔과 가난을 시로 썼던 민중시인, 그처럼 글을 쓸 줄 모르는 나는 그를 절절히 사모하고 그리워한다.
나도 가난을 보았지만 그처럼 처량한 것은 없다. 인생의 맨 밑바닥에서 오직 시만이 그를 구원해 주었을 것이다.

모든 면에 부족함이 없는 지금 천 년도 훨씬 지난 아득한 시대에 살았던 그를 그리는 것은 비록 지방공무원이기는 하나 시민에게 봉사하는 자리에 있으니 한시라도 두보가 가슴으로 부르짖은 애민愛民정신을 잃을까 경계하기 위함이다.

 예전에는 두보를 배우면 가난해지니 그의 시는 읽되 닮지는 말라고 했다.
 그러나 만약 그가 가난하지 않았다면 어찌 서러운 민심을 헤아리고 어떻게 이렇게 절절한 시를 쓸 수 있으랴.

 그래서 특히 겨울에는 두보를 생각하며 그의 시를 읽는다.

문학의전당 · 신작시집
도두陶杜를 꿈꾸는 하루

ⓒ 최계철 2011

초판인쇄 2011년 6월 20일
초판발행 2011년 6월 27일

지 은 이 최계철
펴 낸 이 김충규
펴 낸 곳 **문학의전당**
출판등록 제387-2003-00048호(2003년 9월 8일)

주   소 121-718 서울특별시 마포구 공덕2동 404번지 풍림VIP빌딩 202호
전화번호 02-852-1977
팩시밀리 02-852-1978
블 로 그 http://blog.naver.com/mhjd2003
전자우편 mhjd2003@naver.com

I S B N   978-89-93481-96-9   03810

*이 책의 판권은 지은이와 문학의전당에 있습니다.
*양측의 서면 동의 없는 무단 전재 및 복제를 금합니다.
*잘못된 책은 바꿔드립니다.